40 Fantásticos Experin

Imanes
y electricidad

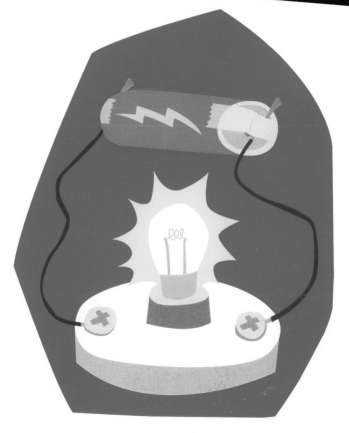

LAROUSSE

Aribau 197-199 3ª planta   *Dinamarca 81*   *Valentín Gómez 3530*   *21 Rue du Montparnasse*
08021 Barcelona   *México 06600, D.F.*   *1191 Buenos Aires*   *75298 París Cedex 06*

231 4025

Para Kingfisher Publications Plc

Gerencia de edición Clive Wilson
Gerencia de producción Oonagh Phelan
Coordinación DTP Nicky Studdart

KINGFISHER
Kingfisher Publications Plc
New Penderel House,
283–288 High Holborn,
Londres WC1V 7HZ

Producido para Kingfisher por PAGE*One*
Cairn House, Elgiva Lane, Chesham,
Buckinghamshire HP5 2JD

EQUIPO EDITORIAL DE LAROUSSE

Director editorial de la versión en lengua española
 para América Latina Aarón Alboukrek
Editor asociado Luis Ignacio de la Peña
Coordinación editorial Verónica Rico
Traducción-Adaptación de Larousse con la
 colaboración de Leonardo Martínez
Formación y composición tipográfica Rossana Treviño

Primera edición de Kingfisher Publications Plc 2001

CONTENIDO

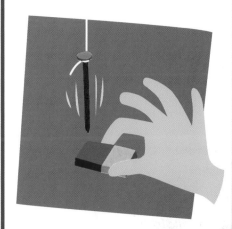

Antes de empezar

Cada vez que enciendes una luz o el televisor, empleas electricidad. Cuando escuchas un casete, recurres al magnetismo. Si te interesa saber qué son la electricidad y el magnetismo, cómo funcionan y para qué sirven, este libro es para ti. Está repleto de actividades y experimentos. Antes de empezar, lee con cuidado las siguientes recomendaciones. ¡Unos minutos de lectura ahora te ahorrarán horas de trabajo más adelante!

¿Estás bien conectado?

Al intentar las actividades de las páginas 10 a la 37, descubrirás que la electricidad sólo fluye entre objetos que estén bien conectados. Cuando armes un circuito, asegúrate de que esté bien conectado.

Pídele a un adulto que descubra las puntas de tu cable aislado. La electricidad sólo pasa a través del metal, no del plástico.

Fija el cable a las terminales de una pila con cinta adhesiva o plastilina. Asegúrate de que la parte metálica del cable toque la parte metálica de la pila.

Los materiales adecuados

Para la mayor parte de las actividades y juegos de este libro sólo necesitarás algunos objetos de uso cotidiano, como pilas, cucharas, limones y clips. A veces necesitarás objetos inusuales, como limaduras de hierro, lana de alambre y lamparitas pequeñas. Los puedes conseguir en una tienda de juguetes o de manualidades.

Lo más fácil de usar son pequeñas lamparitas como ésta, que se enroscan en una base. También puedes usar sin base.

Bastará con una pila pequeña como ésta para muchas actividades. Pruébala con un radio para ver si está cargada.

También necesitarás varios tramos de cable aislado (cubierto de plástico).

Consigue dos imanes planos como éstos.

Si tienes una lamparita como ésta, conecta un cable en cada polo (extremo) de su base…

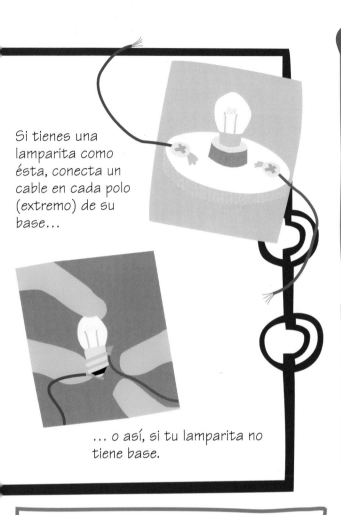

… o así, si tu lamparita no tiene base.

¡Precaución!

Las actividades con electricidad de este libro están planeadas para hacerse con muy poca electricidad.

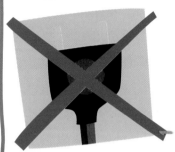

Nunca experimentes con el suministro de la red (como clavijas y enchufes, en tu casa o en la escuela). Su potencia es muy grande y te puede matar.

Nunca juegues cerca o debajo de torres o subestaciones eléctricas. Aunque no las toques, pueden desprender electricidad y matarte.

¿Palabras desconocidas?

Si encuentras palabras que no entiendes o si quieres aprender un poco más, échale un vistazo al Glosario (páginas 38 y 39).

El reloj

El reloj que se encuentra al principio de cada experimento te indica aproximadamente cuántos minutos se lleva cada actividad. Todos los experimentos duran entre 5 y 30 minutos. Si utilizas pegamento, necesitarás un poco más de tiempo que el indicado.

10

¿Tienes dificultades?

No te desanimes si se te dificulta alguna de las actividades del libro.

Si las cosas no funcionan, repasa las instrucciones e inténtalo de nuevo.

Recuerda que incluso los más grandes científicos tenían problemas con sus experimentos. Por ejemplo, J. J. Thompson, el descubridor del electrón, era tan torpe que sus alumnos no lo dejaban acercarse a su propio equipo científico.

¡Vaya hormigueo!

La electricidad es una forma de energía: hace que sucedan cosas. Por ejemplo, calienta un tostador de pan o enciende una lámpara. Normalmente, la electricidad viaja a través de cables. Sin embargo, otro tipo de electricidad, la 'electricidad estática', no fluye. Puedes producirla al frotar entre sí ciertos objetos, los cuales se dan uno al otro una 'carga'.

Encantador de serpientes

¡Mueve las cosas sin tocarlas usando electricidad! Asegúrate de que todos los materiales para esta actividad estén secos.

Chispas brillantes

La electricidad estática fue descubierta en la Grecia Antigua, hace más de 2 000 años. Los griegos vieron que el ámbar (savia de árbol fosilizada), tras ser frotado con una seda, atraía las plumas. Las palabras 'electricidad' y 'electrón' (ver derecha) vienen del griego antiguo elektra, que significa 'ámbar'.

NECESITARÁS

10

- PAPEL DE SEDA
- UNA REGLA DE PLÁSTICO
- UN PEDAZO DE NAILON
- TIJERAS

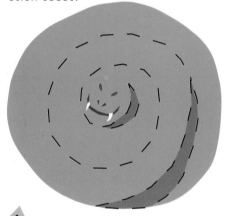

1 Copia este dibujo en el papel de seda y recórtalo por la línea punteada. Jálalo de una punta para crear una serpiente en espiral. Haz otras serpientes para que la acompañen.

2 Frota la regla con el pedazo de nailon varias veces.

3 Agita la regla cerca de las serpientes. ¿Puedes levantarlas sin tocarlas?

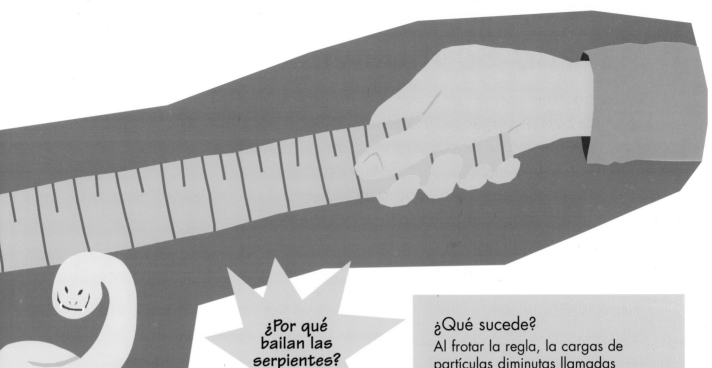

¿Por qué bailan las serpientes?

¿Qué sucede?

Al frotar la regla, la cargas de partículas diminutas llamadas electrones. No las puedes ver, pero producen electricidad estática. Al papel de seda le faltan electrones y se acerca a la regla para tomar los que necesita.

Víctima de la moda

Escucha con cuidado mientras te quitas ropa de poliéster o de nailon. Si está oscuro, mírate al espejo mientras lo haces. ¿Escuchas pequeños crujidos? ¿Ves pequeñas chispas?

NECESITARÁS

◆ ROPA DE POLIÉSTER O DE NAILON

◆ UN ESPEJO

5

¿Qué sucede?

Los crujidos que oyes y las chispas que ves al quitarte la ropa los causan los electrones que pasan de tu cuerpo a la ropa. ¡Son truenos y relámpagos en miniatura!

TORMENTA ELÉCTRICA

Si una nube acumula suficiente carga, la libera de repente con un relámpago. El calor del relámpago expande el aire, lo cual produce un trueno ruidoso.

¡Haz que se mueva!

Los objetos tienden a perder su carga. De ser posible, la sueltan en los objetos cercanos. Usa esta propiedad para mover algunos objetos. Si tienen cargas opuestas, los objetos se atraen (tiran el uno hacia el otro). Esto les permite acercarse lo suficiente para compartir sus electrones. Si tienen la misma carga, no pueden soltar electrones y se 'rechazan' (se empujan en dirección opuesta).

¿Por qué se mueven las alas de la mariposa?

¡Está viva!

Dale vida a una frágil mariposa de papel.

NECESITARÁS
20
- UN CLIP METÁLICO
- UN TARRO DE MERMELADA (VACÍO)
- PLASTILINA
- PAPEL ALUMINIO
- PAPEL DE SEDA
- UNA REGLA DE PLÁSTICO
- UN PEDAZO DE NAILON
- TIJERAS

1 Desdobla el clip. Después, dóblalo como en el dibujo.

2 Haz una bola apretada con un pedazo de papel aluminio del tamaño de tu mano. Colócala en la punta del clip.

4 Frota la regla con el pedazo de nailon para cargarla (ver páginas 6 y 7). Observa con cuidado la mariposa mientras acercas la regla a la bola de aluminio. ¿Qué les pasa a las alas de la mariposa?

¿Qué sucede?
La regla cargada tiene electrones de sobra que necesita pasar a otros objetos cercanos, como la bola. Los electrones pueden pasar con facilidad a través del metal, así que pasan por la bola y el clip, hasta llegar al papel. Como le dan la misma carga a las dos alas de la mariposa, éstas se rechazan y, por lo tanto, se agitan.

3 Coloca el clip en el borde del tarro. Ponle un poco de plastilina para que no se mueva. Coloca una pequeña mariposa de papel de seda dentro del tarro, sobre el clip.

Dentro de la bolsa

Recorta una tira de la bolsa y frótala con el nailon. Esto le dará electrones extra. Frota cada uno de tus objetos, uno a la vez. Acércalos a la tira cargada. Si han perdido electrones, tendrán una carga opuesta a la de la tira y serán atraídos por ésta. Si recibieron electrones, tendrán la misma carga y los repelerá.

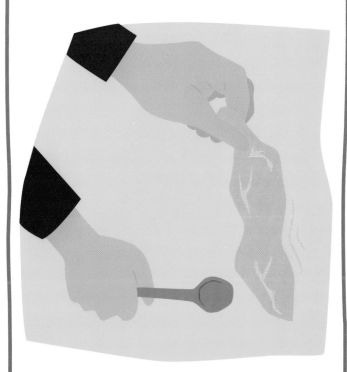

¿Qué sucede?

Al frotarlos, los objetos de plástico, como la tapa de la pluma, ganan electrones; por eso la tira se aleja de ellos. Los objetos de metal, como el tenedor, pierden electrones y atraen la tira. Algunos objetos, como la goma, no le hacen nada a la tira, porque casi no reciben carga.

Con los pelos de punta

Algo tiene 'carga' cuando gana o pierde electrones. Una cosa que ha ganado electrones tendrá una carga opuesta a otra que los ha perdido. ¿Qué sucede con tu cabello después de frotarlo varias veces con un peine de plástico?

¿Qué sucede?

El peine descarga electrones en tu cabello. Cada uno de tus cabellos recibe la misma carga. Al no poder descargarse entre sí, se erizan para tratar de mantenerse separados.

FUEGO EN EL DIRIGIBLE

En mayo de 1937, el enorme dirigible *Hindenburg* se incendió cuando la tripulación lanzó sus cuerdas al suelo. Ese día el clima fue tormentoso y se había acumulado una gran carga en la cubierta exterior de la nave. Esta carga pasó por las cuerdas hacia el suelo, lo que causó la chispa que encendió el gas contenido en la nave y así comenzó el incendio.

Conéctalo

Hasta aquí has probado la electricidad estática, la que se origina cuando le pones o le quitas electrones a los objetos. Sin embargo, hay un tipo muy útil de electricidad producido por los electrones en movimiento: la 'corriente eléctrica'. Los electrones se desplazan más rápido a través del metal. Usando una pila, puedes hacer que pasen a través de un cable metálico. Para lograrlo, debes armar un circuito completo, conocido como 'circuito cerrado', para que los electrones salgan y regresen a la pila.

Brillante idea

Al pasar por este circuito, la electricidad enciende la lamparita.

NECESITARÁS 10
- UNA LAMPARITA PEQUEÑA (VOLTAJE MÁXIMO 3 0 4.5 V)
- UNA PILA AA (1.5 V)
- DOS CABLES AISLADOS
- CINTA ADHESIVA

1 Pídele a un adulto que quite unos 2 cm del plástico en los extremos de los cables.

2 Con la cinta adhesiva, fija el extremo de uno de los cables al botón plateado en la parte superior de la pila. Este botón es conocido como 'polo positivo'.

3 Fija otro cable a la base plateada de la pila, también con cinta. Éste es el 'polo negativo'.

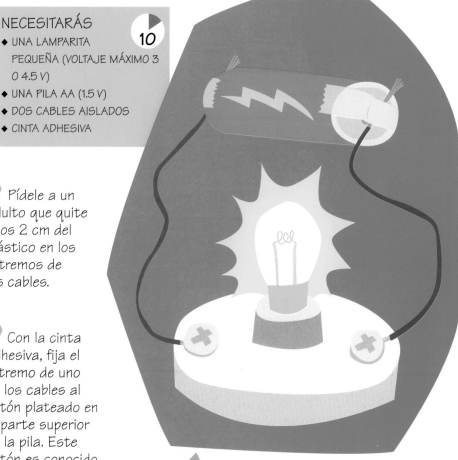

4 Conecta los extremos libres de tus cables a la lamparita. ¿Se enciende?

¿Qué sucede?

Has construido un circuito completo. Los electrones salen de la pila por un cable, llegan a la lamparita y regresan a la pila por el otro cable. Al pasar por la lamparita, la hacen brillar.

Llena el vacío

Sigue los pasos de una 'Brillante idea' (izquierda) para encender la lamparita. Pídele a una persona adulta que corte uno de los cables a la mitad para romper el circuito. Deja todo lo demás en su lugar. Ahora pídele a tu ayudante adulto que remueva un poco del aislante de los extremos del cable cortado. Después, usando un clip metálico, toca ambas puntas libres al mismo tiempo. ¿Qué le pasa a la lamparita?

¿Qué pasa con la lamparita cuando rompes el circuito?

10

NECESITARÁS

- UNA LAMPARITA PEQUEÑA (VOLTAJE MÁXIMO DE 3 O 4.5 V)
- UNA PILA AA (1.5 V)
- DOS CABLES AISLADOS
- UN CLIP METÁLICO
- CINTA ADHESIVA

¿Qué sucede?

Al romper el circuito, la electricidad deja de fluir y la lamparita se apaga. El clip llena el vacío en el circuito. Cuando lo presionas contra ambos extremos del cable roto, la electricidad pasa, a través de él, de un cable a otro. El clip completa el circuito y la lamparita se ilumina de nuevo. El clip funciona como un interruptor.

INTERESANTE

Dilo con luces

La electricidad llegó a los domicilios particulares a finales del siglo XIX. En esa época, era un artículo de lujo y sólo las familias más ricas de la ciudad la tenían. La luz eléctrica era tan cara, que la gente sólo la instalaba en los cuartos más importantes. Las personas que sólo podían tener una lámpara, solían ponerla en el vestíbulo. La dejaban encendida el día entero, incluso cuando no estaban en casa, para que la vieran los transeúntes.

PINBALL

El *pinball* es un juego rápido y emocionante. La bola de acero de esta máquina de pinball llena el vacío entre el objetivo y la base de la máquina. Esto completa un circuito, lo cual enciende las luces y hace que suenen los timbres. Los circuitos se encienden y apagan en un instante, conforme se desplaza la bola.

Ancho y delgado

La electricidad fluye a través de cualquier cable metálico en un circuito. Sin embargo, se desplaza con mayor facilidad a través de un cable ancho que de uno delgado. La cantidad de electricidad que pasa a través de un cable es la corriente. Al usar un cable más delgado, a la pila le cuesta más trabajo mandar electricidad, lo que produce una corriente menor.

¿Qué le pasa a la lamparita si utilizas un cable más delgado?

Una luz tenue

Observa qué sucede con tu lamparita cuando utilizas un cable muy delgado en el circuito.

NECESITARÁS

15

◆ UNA LAMPARITA PEQUEÑA (VOLTAJE MÁXIMO 3 O 4.5 V)
◆ UNA PILA AA (1.5 V)
◆ DOS CABLES AISLADOS
◆ UN PEDAZO DE LANA DE ALAMBRE
◆ CINTA ADHESIVA

1 Sigue los pasos de 'Llena el vacío' (página 11) para construir un circuito que encienda una lamparita al presionar un clip.

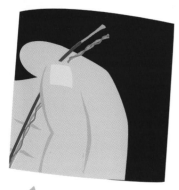

2 Extiende y tuerce el alambre de lana hasta formar un hilo de 6 cm de largo y del mismo ancho que el cable aislado.

3 Usa el alambre de lana en lugar del clip para llenar el vacío del circuito. Observa cómo brilla la lamparita.

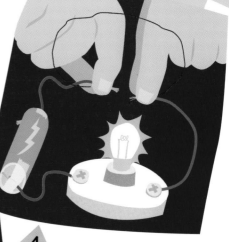

4 Quita tres tercios de la lana, para crear un hilo mucho más delgado. Úsalo para llenar el vacío. ¿Qué le pasa a la lamparita?

5 Haz aún más delgado el hilo. ¿Qué pasa ahora?

¿Qué sucede?

La electricidad fluye con dificultad a través de un circuito con un hilo delgado de lana de alambre. Tu pila sólo puede mandar una corriente pequeña en ese circuito, así que la lamparita brilla menos. Al usar una hebra aún más delgada, la pila manda una corriente aún menor, así que el brillo de la lamparita se vuelve más tenue.

Un atajo

Ya que los cables podrían calentarse mucho en este experimento, pídele ayuda a un adulto. Sigue las instrucciones de una 'Brillante idea' (página 10) y construye un circuito para encender una lamparita. Pídele a un adulto que descubra los extremos de un cable adicional. Toca los polos de la pila con los extremos de este otro cable. Asegúrate de tocar ambas terminales al mismo tiempo. ¿Qué le pasa al foco?

NECESITARÁS

15

- UNA LAMPARITA PEQUEÑA (VOLTAJE MÁXIMO 3 0 4.5 V)
- UNA PILA AA (1.5 V)
- TRES CABLES AISLADOS
- CINTA ADHESIVA

¿Qué sucede?

Cuando colocas el cable adicional entre los polos de la pila, se apaga la lamparita. La electricidad fluye a través del cable adicional, saltándose por completo la lamparita. Si observas de cerca la lamparita, verás que en su interior hay un filamento, un hilo delgado por el que pasa cualquier tipo de electricidad. Ya que el cable adicional es mucho más grueso que el filamento, la electricidad fluye por éste con mayor facilidad. El cable adicional es un atajo, un camino más fácil para la electricidad.

Entrando en calor

Intenta de nuevo 'Una luz tenue' (página anterior), pero esta vez con un par de hebras delgadas de lana de alambre. Deja que la lamparita brille por lo menos un minuto. Toca la hebra. ¿Qué notas?

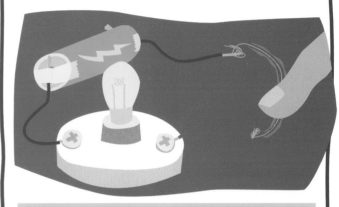

¿Qué sucede?

A la electricidad le cuesta trabajo pasar a través de la delgada hebra de lana de alambre y se transforma en calor, otra forma de energía. Al tocar la hebra, notarás que se siente más caliente que antes.

BRILLO CÁLIDO

Una lamparita transforma la electricidad en luz gracias al delgado filamento en su interior. La electricidad no puede pasar fácilmente a través del filamento. Por lo tanto, se transforma en calor. El filamento desprende un brillo blanco. Así es cómo la lamparita produce luz.

Sigue la corriente

La electricidad fluye mejor a través de ciertas sustancias que de otras.
Fluye con facilidad a través de los 'conductores', como los
utensilios de metal. Una sustancia 'aislante' impide que la
electricidad pase. Los plásticos suelen ser buenos aislantes.

¿Las herramientas adecuadas?

Con este experimento,
identificarás con facilidad
algunos conductores y
aislantes comunes.

NECESITARÁS 15

- UNA LAMPARITA
  PEQUEÑA (VOLTAJE MÁXIMO
  3 O 4.5 V)
- UNA PILA AA (1.5 V)
- DOS CABLES AISLADOS
- UN CLIP METÁLICO
- CINTA ADHESIVA
- OBJETOS HECHOS DE DIVERSOS
  MATERIALES: GOMA PARA
  LÁPIZ, MONEDAS, CUCHARA DE
  MADERA, VASO DE VIDRIO, HOJA
  DE PAPEL, TAPA DE PLUMA DE
  PLÁSTICO, TAZA DE PORCELANA,
  ETCÉTERA.

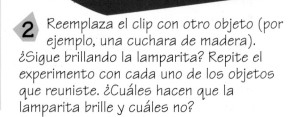

1 Sigue las
instrucciones de
'Llena el vacío'
(página 11) para
armar un circuito
con un interruptor.
Verifica que la
lamparita brille
cuando llenas el
vacío con un clip.

¿Qué sucede?

La lamparita continúa brillando al introducir ciertos
objetos, como una moneda, en el circuito. Esos objetos
son conductores. Otros objetos, como la goma, son
aislantes e impiden que la lamparita se encienda. Los
electrones fluyen mejor a través de los conductores que
de los aislantes.

2 Reemplaza el clip con otro objeto (por
ejemplo, una cuchara de madera).
¿Sigue brillando la lamparita? Repite el
experimento con cada uno de los objetos
que reuniste. ¿Cuáles hacen que la
lamparita brille y cuáles no?

Agua y aire

En este experimento observarás cómo conducen electricidad dos sustancias muy especiales: el agua y el aire. Para probar el agua, introduce los extremos de dos cables en un tazón lleno de agua. Para probar el aire, simplemente sostén ambos cables en el aire.

10

NECESITARÁS

- UNA LAMPARITA PEQUEÑA (VOLTAJE MÁXIMO 3 O 4.5 V)
- UNA PILA AA (1.5 V)
- DOS CABLES AISLADOS
- CINTA ADHESIVA
- UN TAZÓN CON AGUA

¿Es el agua un buen conductor? ¿Y el aire?

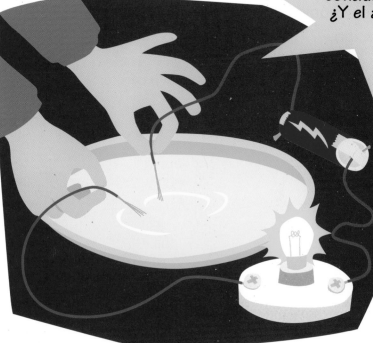

¿Qué sucede?

La lamparita brilla cuando llenas el vacío en el circuito con agua, pero no cuando usas el aire. El agua, al igual que el metal, permite que la electricidad fluya. En pocas palabras, es un conductor. Por otra parte, el aire es un aislante. Sin embargo, cuando es muy potente, como en el caso de los relámpagos, la electricidad se transmite a través del aire. Si quieres producir una pequeña cantidad de electricidad estática inofensiva que salte una distancia pequeña, lee '¡Está viva!' (página 8).

AVES EN LOS CABLES

La electricidad que pasa a través de este cable podría matar a estas aves. Sin embargo, las aves se posan sin problemas en él, ya que gran parte de la corriente va a través del cable y no pasa por ellas. Esto se debe a que el cable es un mejor conductor. Nunca intentes hacerlo tú mismo. Si llegaras a tocar un cable descubierto, la electricidad pasaría del cable al suelo a través de tu cuerpo y te mataría.

Fuente de poder

Una pila es un depósito de energía en miniatura. Al colocarla en un circuito, libera su carga eléctrica poco a poco. Esta energía impulsa un torrente de electrones a través del circuito, produciendo una corriente eléctrica. Aunque no lo creas, tú puedes hacer tus propios depósitos de electricidad con sólo unas cuántas monedas y algunos artículos de la cocina.

Electricidad animal

Las primeras pilas no fueron hechas con limones, sino con ancas de rana. En 1791, en un experimento, el científico italiano Luigi Galvani vio que las ancas de ranas muertas se movían al tocarlas con dos metales diferentes. A partir de este descubrimiento, otro científico, Alessandro Volta, creó una pila con discos de metal empapados en agua salada.

Hormigueo frutal

¡Un simple limón te hará sentir un hormigueo en la lengua!

NECESITARÁS
- DOS MONEDAS HECHAS CON METALES DIFERENTES
- UN LIMÓN
- UN CUCHILLO DE COCINA (PÍDESELO A UN ADULTO)
- DOS CABLES AISLADOS

5

1 Pídele a un adulto que haga dos cortes pequeños en el limón con el cuchillo, separados unos pocos centímetros. Deben caber las monedas en ellos.

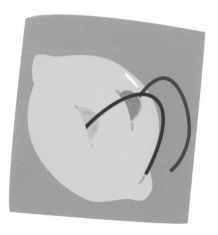

2 Ahora pídele a tu ayudante adulto que descubra unos 2 cm de las puntas de los cables. Inserta las puntas en las ranuras del limón. Usa las monedas para mantener los cables en su lugar. Asegúrate de que las monedas estén hechas de diferentes metales.

3 Coloca los otros dos extremos de los cables en tu lengua. Asegúrate de que los cables no se toquen. ¿Qué sientes?

Una receta nueva

Los limones no son la única fruta que produce electricidad. Repite 'Hormigueo frutal' (página anterior), reemplazando el limón con otras frutas y verduras. También usa otro tipo de monedas o clavos. ¿Cuál de tus pilas caseras produce un hormigueo mayor?

(página anterior)

NECESITARÁS
- MONEDAS Y CLAVOS DE DIFERENTES MATERIALES
- VARIOS TIPOS DE FRUTAS Y VEGETALES
- CABLES AISLADOS

¿Cuáles frutas y vegetales son las mejores pilas?

¿Qué sucede?

Muchas combinaciones de frutas o vegetales con metales funcionan como mini-pilas. Se necesita un alimento ácido (como las papas y las piñas o ananás) y dos metales diferentes. Algunas combinaciones son más potentes que otras.

4 Saca uno de los cables del limón y repite el paso 3. ¿Qué sientes ahora?

¿Qué sucede?

El limón y las monedas forman una pila sencilla. Aunque no te servirían para encender una lámpara, deben producirte un leve hormigueo en la lengua. Al sacar uno de los cables, se rompe el circuito y ya no sientes el hormigueo. Una pila de verdad contiene dos láminas hechas de diferentes metales (como las monedas). Están separadas por un tipo de químico llamado ácido (como el jugo del limón).

UN CHALECO SALVAVIDAS

En cuanto este marinero cayó al mar, el agua salada comenzó a llenar una pila hueca en el salvavidas. La pila funciona con agua salada y enciende una luz para que el marinero pueda ser visto por el equipo de rescate.

Un empujón

Una pila tiene que mandar electricidad a todo el circuito. Si el circuito está formado por muchas partes, se dificulta el paso de la electricidad y la corriente es menor. Así sucede, por ejemplo, en un circuito con muchos cables delgados. Para producir una corriente mayor en el mismo circuito, se necesita una batería que pueda darle mayor empuje a los electrones. Este 'empuje' eléctrico se mide en 'voltios' (V). Por ejemplo, una batería de 9 V es seis veces más potente que una de 1.5 V.

¿Brillan más las lamparitas con una pila de 9 V?

Luces de fiesta

Observa lo que sucede cuando una pila tiene que empujar corriente a través de más de una lamparita.

NECESITARÁS
- UNA PILA AA (1.5 V)
- UNA PILA DE 9 V
- DE UNA A CINCO LAMPARITAS PEQUEÑAS (CADA UNA DE 3 O 4.5 V)
- SEIS CABLES
- CINTA ADHESIVA

15

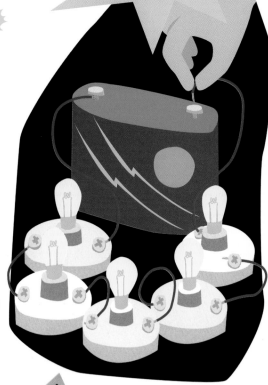

1 Sigue los pasos de 'Brillante idea' (página 10) para encender una lamparita. Verifica que la lamparita se encienda y observa cuánto brilla.

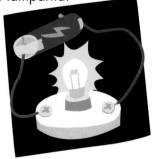

2 Añade otra lamparita al circuito, como se ve aquí. ¿Brillan igual las dos? ¿Brillan igual que la primera?

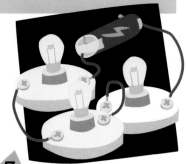

3 Añade más lamparitas al circuito. ¿Qué pasa con su brillo? ¿Brillan todo el tiempo?

4 Cuando haya tres o más lamparitas en el circuito, cambia la pila por la de 9 V y observa lo que pasa.

¿Qué sucede?
Al añadir lamparitas al circuito, la luz de cada una se vuelve más tenue, porque tienen que compartir el voltaje de la misma pila. La pila tiene que usar parte de su voltaje para empujar la corriente a través de cada lamparita. Al añadir muchos focos, la corriente baja tanto, que ya no puede encender ninguno. Una pila de 9 V empuja más corriente a través del circuito y mantiene encendidas más lamparitas.

Regulador de luz

Sigue las instrucciones de 'Llena el vacío' (página 11) para formar un atajo. Llena el vacío en el circuito con la mina de un lapicero. ¿Continua brillando la lamparita?

NECESITARÁS
▶ 10
◆ UNA BATERÍA AA (1.5 V)
◆ UNA LAMPARITA PEQUEÑA
◆ TRES CABLES
◆ UNA 'MINA' DE LAPICERO
◆ CINTA ADHESIVA

¿Qué pasa al variar la longitud de la mina entre los cables?

¿Qué sucede?

Al variar la longitud de la mina entre los cables, varía el brillo de la lamparita. La mina dificulta el paso de la electricidad y, entre más largo sea el espacio entre los cables, la pila necesitará ocupar más voltaje para pasar la electricidad. Esto disminuye el brillo de la lamparita.

Extiéndelos

Sigue los pasos 1 y 2 de 'Luces de fiesta' (página anterior) para encender dos lamparitas. Después, reemplaza ambos cables por otros más largos. ¿Cambia el brillo de las lamparitas?

NECESITARÁS
▶ 10
◆ UNA PILA AA (1.5 V)
◆ DOS LAMPARITAS PEQUEÑAS
◆ TRES CABLES CORTOS
◆ TRES CABLES LARGOS
◆ CINTA ADHESIVA

¿Qué sucede?

A pesar de usar cables más largos, el brillo de las lamparitas sigue siendo el mismo. Esto se debe a que la electricidad fluye con gran facilidad a través de los cables, sin importar lo largos que sean. La parte del voltaje usada para empujar la electricidad es mínima.

GUITARRA ELÉCTRICA

El botón del volumen de esta guitarra eléctrica funciona igual que el regulador de luz. Al encenderlo, dos cables se acercan y se alejan a lo largo de un pedazo de grafito (el mismo material que la mina del lapicero). Esto hace que cambie el voltaje disponible para el amplificador y la bocina. Al recibir mayor voltaje, producen un sonido más fuerte.

Una buena red

No todos los circuitos son gruesos y voluminosos. De hecho, hay circuitos con cables tan delgados como una hoja de papel. Uno de esos circuitos cabe en los lugares más apretados, como un estéreo personal o una computadora.

Tarjeta de circuitos

¡Usando papel de aluminio, puedes hacer un circuito en verdad plano y convertirlo en un dibujo impresionante!

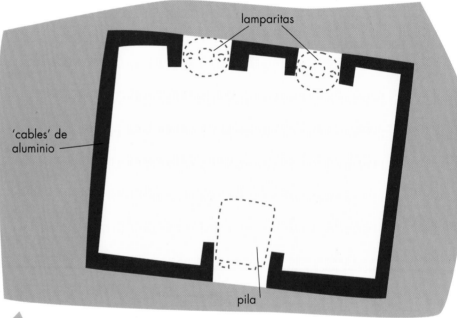

lamparitas

'cables' de aluminio

pila

1 Recorta con cuidado unas tiras de papel de aluminio (2 cm de ancho y 15 cm de largo).

2 Traza este dibujo en el pedazo de cartulina. Éste es el diseño de tu circuito.

¿Qué conduce la electricidad a través de la tarjeta?

3 Pega las tiras de aluminio sobre las áreas de 'cable' en el diseño.

Una brillante obra maestra

Recorta dos agujeros en la hoja de papel para que, al colocarla sobre el circuito, sobresalgan las lamparitas. Haz un dibujo vistoso que utilice las lamparitas y pégalo sobre el circuito. Mantén firmes las lamparitas con unos sobrantes de tira adhesiva. ¡Ahora, contempla tu brillante obra maestra!

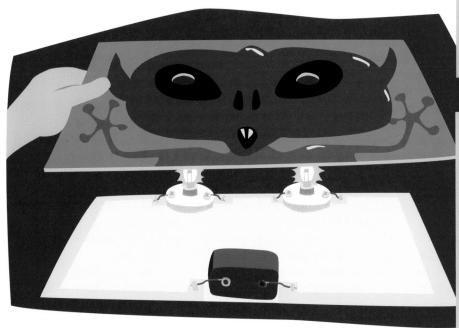

¿Qué sucede?

Este circuito es tan plano, que es posible colocarlo detrás de un dibujo. Puedes hacer que se encienda y se apague colocando un clip como interruptor entre la pila y la tarjeta de circuitos (si necesitas una pista, ve a la página 11).

4 Usa dos trozos pequeños de cable y un poco de cinta adhesiva para conectar las dos lamparitas y la pila a las tiras de aluminio. Observa cómo se encienden las lamparitas.

¿Qué sucede?

Has creado un circuito muy plano al reemplazar los cables normales con tiras de papel de aluminio. El aluminio conduce la electricidad como si fuera un cable ordinario. La base de cartulina hace más firme el circuito y mantiene todo en su lugar.

¡MIRA! ¡SIN CABLES!

Esta 'tarjeta de circuitos impresa' se encuentra en el interior del control remoto de un televisor. Este tipo de aparatos casi no tiene cables normales y sus circuitos se ven así. Estos cables están insertados en el soporte físico y son tan delgados como una capa de pintura.

Extensiones

No todos los circuitos tienen que tener una sola vuelta. De vez en cuando, es útil que tengan más de dos ramas. Cuando las partes de un circuito están conectadas una con la que sigue, se dice que están 'en serie'. Si cada parte está conectada directo a la pila, están 'en paralelo'. Es más fácil apagar por separado varias lamparitas si están conectados en paralelo.

Escalera luminosa

Observa lo que pasa cuando conectas varias lamparitas en paralelo, como los peldaños de una escalera.

NECESITARÁS

15

- UNA PILA AA (1.5 V)
- DOS LAMPARITAS PEQUEÑAS (VOLTAJE MÁXIMO 3 O 4.5 V)
- DOS CABLES PEQUEÑOS
- DOS CABLES LARGOS
- CINTA ADHESIVA
- TIJERAS

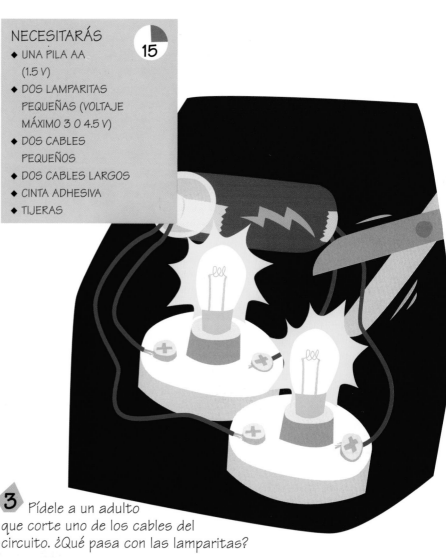

1 Sigue las instrucciones de 'Brillante idea' (página 10). Usa cables cortos para conectar la lamparita a la pila. Verifica que la lamparita esté brillando.

3 Pídele a un adulto que corte uno de los cables del circuito. ¿Qué pasa con las lamparitas?

2 Usando los cables largos, conecta otra lamparita a los polos de la pila. ¿Brillan ambas lamparitas?

¿Qué sucede?

El circuito hace que ambas lamparitas se enciendan, porque cada una está en su propio circuito cerrado. Ésta es una conexión en paralelo. La electricidad pasa por ambos circuitos al mismo tiempo. Sale de la pila, pasa por las lamparitas y regresa a la pila. Al cortar uno de los cables, se apaga la lamparita a la que estaba conectado. Sin embargo, el otro circuito sigue intacto y su lamparita sigue encendida.

Arriba y abajo

Sigue los pasos 1 a 3 de 'Escalera luminosa' (izquierda) para crear un circuito con dos lamparitas en paralelo. Ahora, corta un cable de cada uno de los circuitos. Llena ambos vacíos con un clip (en la página 11 puedes ver cómo se hace esto).

NECESITARÁS

15

- UNA PILA AA (1.5 V)
- DOS LAMPARITAS PEQUEÑAS (VOLTAJE MÁXIMO 3 O 4.5 V)
- DOS CABLES CORTOS
- DOS CABLES LARGOS
- DOS CLIPS
- CINTA ADHESIVA

Utiliza los clips para encender y apagar la luz.

¿Qué sucede?

Puedes encender o apagar sólo una de las dos lamparitas, ya que están conectadas en paralelo. Sólo necesitas presionar uno de los dos clips. Cada uno de los clips está conectado en serie con una de las lamparitas.

Primeras luces

Las primeras luces navideñas salieron a la venta en el siglo XIX. A diferencia de las luces actuales, que se venden en series, estaban conectadas en paralelo. Era una medida de seguridad debido a que las lámparas de entonces se descomponían con frecuencia. Si una dejaba de funcionar, las demás seguían encendidas.

RASCACIELOS

Con sus más de 40 pisos de altura, este rascacielos está iluminado por miles de luces conectadas en paralelo. Las luces de cada piso forman parte de una rama diferente del circuito. Cuando los guardias de seguridad hacen su ronda nocturna, encienden sólo las luces del piso que van a recorrer. Esto ahorra electricidad.

Siente la fuerza

Los imanes varían mucho en tamaño, forma y fuerza, pero todos son capaces de hacer dos cosas muy especiales: atraer objetos hechos de hierro o níquel; y atraer o rechazar otros imanes. Algunos imanes se encuentran en el suelo o en minas. Otros objetos son convertidos en imanes, cargándolos con electricidad o por otros medios. Los materiales como el hierro y el níquel, que son atraídos por los imanes, se llaman 'materiales magnéticos'.

¡Ve por él!

La siguiente vez que a alguien se le caigan unos alfileres, ayúdale con un imán.

NECESITARÁS
◆ UN IMÁN
◆ ALFILERES

5

¿A qué parte del imán se pegan los alfileres?

2 Trata de levantar una cadena de alfileres con tu imán. ¿Cuántos alfileres puedes recoger de esta forma?

3 Coloca un alfiler sobre la mesa y poco a poco acércale un imán. ¿Qué pasa?

1 Acerca tu imán a un montón de alfileres sueltos. Intenta recogerlos con tu imán.

¿Qué sucede?

El imán atrae los alfileres, porque éstos son de acero, un material que contiene mucho hierro. Si están cerca, quedarán pegados a él. El imán tira con mayor fuerza por sus extremos, así que ahí se pegará la mayor parte de los alfileres. Estos extremos se llaman 'polos'. Al quedar pegado al imán, el alfiler se convierte en parte de éste y atrae otros alfileres. Eso te permite levantar una cadena de alfileres.

¿Tienen magnetismo?

Descubre qué objetos de tu casa son magnéticos acercándoles un imán. Cuidado: los imanes dañan los discos flexibles para computadora, los casetes, los televisores y las computadoras. No acerques el imán a estos aparatos.

NECESITARÁS
- UN IMÁN
- OBJETOS HECHOS DE DIVERSOS MATERIALES: CUCHARA DE MADERA, CLIPS METÁLICOS, PAPEL DE ALUMINIO, TAPA DE PLÁSTICO DE UNA PLUMA, GOMA PARA LÁPIZ, LLAVE, MONEDAS, PIEDRAS, LATA DE REFRESCO, CHARCO DE AGUA, HOJA DE PAPEL.

10

¿Qué sucede?

Sólo los objetos con hierro o níquel, como algunas monedas o las llaves, son atraídos por el imán. El imán no afecta a la cuchara de madera, la goma o el papel de aluminio, ya que no contienen ni hierro ni níquel.

Clasificador de latas

Usa tu imán para separar las latas de aluminio de las de acero, antes de reciclarlas. Cuelga el imán de una silla con la cuerda y la cinta adhesiva. El imán debe colgar al menos a 10 cm del suelo. Empuja las latas para que rueden bajo el imán, una por una. ¿Cuáles latas no se detienen bajo el imán?

NECESITARÁS
- LATAS DE COMIDA Y ALIMENTOS (VACÍAS)
- UN IMÁN
- UNA CUERDA
- UNA SILLA DE MADERA
- CINTA ADHESIVA

10

¿Qué sucede?

Las latas de aluminio pasan el imán, pero las de acero empiezan a detenerse. Quizás dejen de moverse y se peguen al imán. Esto se debe a que el acero es un material magnético. En los centros de reciclado, las latas se clasifican colocándolas sobre una cinta transportadora que las pasa bajo una línea de imanes.

DE ALTO VUELO

Este avión mueve sus alerones gracias a un motor controlado por un imán especial. Casi todos los imanes están hechos de hierro, pero el de este avión contiene mucho boro, un metal raro, mucho más poderoso que un imán ordinario. Un pequeño imán de boro es todo lo que se necesita para mover el alerón. Las alas de los aviones deben ser lo más ligeras que se pueda.

De polo a polo

Todos los imanes tienen dos polos diferentes. Para diferenciarlos, se les llama 'norte' y 'sur' (si quieres saber más al respecto, ve a la página 34). El área de fuerza alrededor del imán se llama 'campo magnético'. ¡Usa tus imanes para crear efectos curiosos!

Los opuestos se atraen

Te sorprenderá cuánta fuerza hay entre los polos de dos imanes. Es tan fuerte que puedes sentirla.

NECESITARÁS
- UNA REGLA
- UN LÁPIZ
- DOS IMANES RECTANGULARES

5

¿Cuándo es mayor la fuerza entre dos imanes?

1 Mira con cuidado tus dos imanes. Para saber cuál polo es cuál, ve si las puntas están pintadas, si tienen marcado 'norte' y 'sur' o si tienen dos partes de diferente color.

2 Acerca los imanes por sus polos opuestos. ¿Sientes la fuerza que los atrae?

3 Dale vuelta a uno de los imanes. Acerca los polos iguales. ¿Qué fuerza sientes ahora? Coloca los imanes a 3 cm, después a 6 cm y 9 cm. ¿Cuán juntos deben estar para que sientas su fuerza?

¿Qué sucede?

Puedes sentir una gran fuerza entre los dos imanes al acercarlos. Cuando acercas polos opuestos, los imanes se atraen. Cuando acercas polos idénticos, la fuerza los rechaza (los aleja). Esta fuerza disminuye si alejas los imanes.

Calcetines bailarines

NECESITARÁS
- DOS IMANES RECTANGULARES
- UN PAR DE CALCETINES
- PAPEL

5

Coloca un imán dentro de cada calcetín y agítalos en el aire. Acércalos y ¡míralos bailar! Envuelve los imanes en unas hojas de papel para rellenar los calcetines. ¿Todavía funciona el truco? Ahora envuelve los imanes en más hojas de papel.

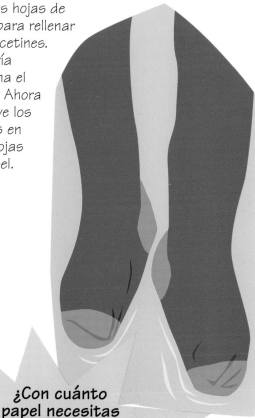

¿Con cuánto papel necesitas envolver los imanes para que los calcetines dejen de bailar?

¿Qué sucede?
Sólo imanes muy débiles dejarán de atraerse o rechazarse al estar dentro de los calcetines. Aun envueltos en un par de hojas de papel seguirán haciéndolo, aunque con menos fuerza si usas mucho papel. Cuanto más fuertes sean los imanes, más papel necesitarás para hacer que los calcetines dejen de bailar.

Sigilo arácnido

NECESITARÁS
- PAPEL Y TIJERAS
- UNA CARTULINA GRANDE
- CRAYONES O ROTULADORES
- UN CLIP METÁLICO
- CINTA ADHESIVA
- UN IMÁN PEQUEÑO

10

Dibuja y recorta una araña de unos 5 cm de largo. Pega un clip debajo de la araña y ponla sobre la cartulina. Haz que se mueva con un imán escondido bajo la hoja.

¿Qué sucede?
Un imán con suficiente fuerza atraerá el clip a través de la cartulina. Las personas verán que la araña se mueve de manera misteriosa.

SIN TOCAR LOS RIELES
Este tren se desplaza a causa de las fuerzas magnéticas entre sus patines y los rieles. Es un *maglev*, un tren de suspensión magnética que nunca toca los rieles. Viaja con mayor suavidad y es menos ruidoso que un tren normal.

Arte magnético

Los imanes no sólo sirven para construir máquinas y herramientas. ¡Con un poco de imaginación, puedes usarlos para crear obras de arte magnético! Crea esculturas en movimiento o dibujos permanentes de las fuerzas magnéticas.

Péndulo extravagante

Usando tres imanes, podrás construir una escultura que se mueve muy extraño.

NECESITARÁS

◆ TRES IMANES
◆ UN CLAVO METÁLICO
◆ UNA CUERDA
◆ UNA SILLA
◆ PLASTILINA
◆ CINTA ADHESIVA

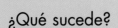

10

¿Qué hace que el péndulo se mueva así?

1 Ata un pedazo de cuerda a la cabeza del clavo. Cuelga el clavo de la silla. Asegúrate de que quede 1 cm de espacio entre la punta del clavo y uno de tus imanes (colocado en el suelo).

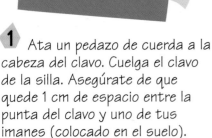

2 Empuja con suavidad el clavo y obsérvalo moverse como un péndulo. Asegúrate de que no haya imanes cerca cuando hagas esto.

3 Con un poco de plastilina, fija los tres imanes al suelo. Los tres imanes deben mostrar el mismo polo hacia el centro. Separa los imanes unos 2 cm.

4 Coloca la silla de tal manera que el clavo quede en medio de los imanes. Dale un pequeño empujón. ¿Qué pasa?

¿Qué sucede?

Cuando no hay imanes cerca, el clavo oscila suavemente, como el péndulo de un reloj antiguo. La única fuerza que lo afecta es la gravedad. Al colocar los imanes bajo el clavo, empieza a girar sin control. Esto se debe a que también lo afecta la fuerza de cada imán. Al acercarse y alejarse de cada uno, la fuerza que ejercen sobre él varía.

Una imagen clara

Coloca tu imán bajo la hoja de papel. Esparce las limaduras sobre el papel. Las limaduras se acomodarán en un dibujo preciso a causa del imán. Pon un poco de pintura en tu cepillo y rocía con ella el papel. Cuando seque la pintura, quita con cuidado el imán y las limaduras.

NECESITARÁS `15`
- ◆ PINTURA
- ◆ UN IMÁN RECTANGULAR
- ◆ LIMADURA DE HIERRO
- ◆ UN CEPILLO DE DIENTES VIEJO
- ◆ UNA HOJA DE PAPEL

¿Dónde cae la mayor parte de las limaduras?

¿Qué sucede?

Gran parte de las limaduras cae alrededor de los polos, donde la fuerza del imán es mayor. Otra parte forma anillos como los de una cebolla alrededor del imán. Estos anillos se conocen como 'líneas de fuerza'. La forma que adoptan las limaduras es simétrica, ya que los imanes ejercen la misma fuerza en cada polo.

INTERESANTE

Circo de pulgas

En el siglo XIX, algunos estafadores hacían creer al público que tenían pulgas entrenadas. La gente se divertía con los circos, teatros y parques de atracciones de pulgas. Los estafadores jalaban cuerdas y movían pequeños accesorios con imanes ocultos. La gente creía que se trataba de grupos de pulgas acróbatas.

MARIONETA DE LOS *THUNDERBIRDS*

Scott, una de las marionetas del programa de televisión *Thunderbirds*, tiene un imán en cada uno de sus labios. Su boca se mantiene cerrada con un resorte, pero, cuando sus imanes están activos, crean una fuerza que separa sus labios y parece que 'habla'.

Crea tus propios imanes

Cada imán está formado por millones de imanes diminutos, los 'dominios', todos alineados en la misma dirección. Otros materiales también tienen dominios, pero están revueltos. Utilizando un imán, puedes hacer que los dominios de un material magnético miren hacia el mismo lado. De este modo, crearás tus propios imanes.

Con suavidad

Para convertir un clip en un imán, sólo tienes que frotarlo de la manera adecuada.

NECESITARÁS
- DOS CLIPS METÁLICOS
- UN IMÁN
- PLASTILINA

10

1 Desdobla un clip y colócalo sobre una superficie firme. Fíjalo en su lugar con plastilina.

¿Por qué se convierte el clip en un imán?

3 Retira el imán. Levanta el clip y pruébalo con otro clip. ¿Qué pasa?

2 Sostén el imán con una sola mano y pásalo en el aire, cerca del clip, de esta manera. Repite este paso varias veces. Mantén siempre el mismo polo hacia el clip. Mueve el imán siempre en la misma dirección.

¿Qué sucede?

Al pasar el imán cerca del clip, lo transformas en otro imán, que a su vez puede atraer otro clip. El primer imán hace que todos los dominios del clip miren en la misma dirección. Esto se debe a que los dominios del clip son en sí mismos imanes microscópicos.

Móvil magnético

Arma un móvil magnético y observa cuánto dura. Sigue las instrucciones de 'Con suavidad' (izquierda) y magnetiza diversos objetos. Cuelga el más grande de una cuerda cerca del suelo y únelo con la mayor cantidad de objetos que puedas. Ten cuidado al usar los clavos en este experimento. Mantén el móvil unido usando sólo la fuerza magnética: no uses pegamento ni cinta adhesiva. Observa qué sucede.

¿Por qué se acaba poco a poco el magnetismo?

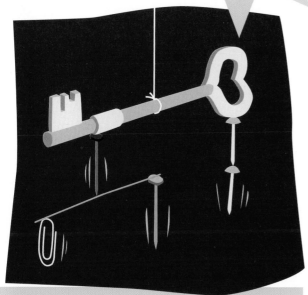

¿Qué sucede?

Como cada parte de este móvil es un imán, todas se mantienen juntas sin pegamento o cinta adhesiva. Poco a poco, el magnetismo irá desapareciendo. Esto sucede antes si el móvil se cae o recibe un golpe. Cada pequeño golpe que recibe el móvil revuelve sus dominios un poco. Esto reduce su magnetismo. Los objetos de acero retienen más el magnetismo que los de hierro ya que es más difícil revolver sus dominios.

Fuera del menú

Hace cientos de años, estaba prohibido que los ajos y las cebollas formaran parte de los víveres de un barco. Los barcos usaban brújulas magnéticas (ver página 34) para navegar y la tripulación creía (sin razón) que las cebollas y los ajos afectaban la brújula. Los marineros tenían miedo de perder el rumbo si las brújulas dejaban de funcionar.

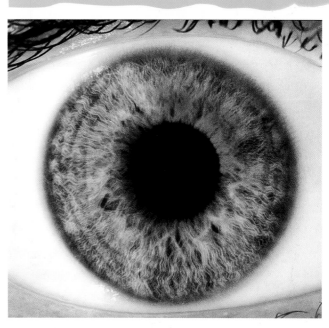

DIRECTO AL OJO

Los imanes también se usan para retirar objetos metálicos del ojo, sin que éste corra grandes riesgos. Con frecuencia, los cirujanos dilatan el ojo antes de llevar a cabo la delicada tarea de retirar de él cualquier objeto.

Mini imanes

No es posible destruir un imán partiéndolo en dos. Si lo haces, las dos mitades del imán aún tendrán millones de dominios apuntando en la misma dirección. Esto hará que cada parte conserve su magnetismo.

Al doble

Pídele a un adulto ayuda para cortar un imán casero a la mitad. ¡Así obtendrás dos imanes caseros!

NECESITARÁS
- DOS CLIPS METÁLICOS
- UN IMÁN
- UN HILO DE ALGODÓN
- PINZAS O ALICATES (PÍDESELAS A UN ADULTO)

15

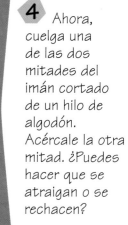

4 Ahora, cuelga una de las dos mitades del imán cortado de un hilo de algodón. Acércale la otra mitad. ¿Puedes hacer que se atraigan o se rechacen?

1 Sigue las instrucciones de 'Con suavidad' (página 30) para hacer un imán casero a partir de un clip. Verifica el funcionamiento de tu imán casero.

2 Pídele a un adulto que corte tu imán casero con las pinzas para cortar alambre.

¿Cómo se transforma un imán en dos imanes?

3 Cuelga un clip ordinario de un hilo de algodón. Acércale uno de tus imanes caseros. ¿Lo atrae? Repite este paso con la otra mitad del imán cortado.

¿Qué sucede?

Al partir tu imán casero en dos, creaste dos imanes pequeños. Esto se debe a que cada parte aún tiene muchísimos dominios en la misma dirección. Cada mini imán puede atraer clips. Como tiene polos norte y sur, también atrae y repele a otros mini imanes. Puedes partir tus mini imanes en imanes aún más pequeños.

Borrón total

Recorre hasta la mitad un casete que nadie necesite. Detenlo y sácalo del equipo estereofónico. Saca un tramo de cinta de unos 30 cm. Pasa el imán cerca del final del tramo, pero no lo acerques al resto de la cinta. Con cuidado, rebobina el casete y escúchalo de nuevo. ¿Qué pasa cuando llegas a la parte que estuvo cerca del imán?

NECESITARÁS

10

◆ UN CASETE DE MÚSICA QUE NADIE QUIERA (PÍDESELO A UN ADULTO)
◆ UN EQUIPO ESTEREOFÓNICO
◆ UN IMÁN

¿Qué sucede?

El imán borró parte de la música grabada en el casete. Cada fragmento de sonido está guardado en pequeños grupos de gránulos magnéticos. Cada fragmento dura menos de una diezmilésima de segundo. Los sonidos más fuertes crean gránulos más magnetizados. Al pasar un imán cerca de la cinta, superas el magnetismo de cada grupúsculo y borras la información.

INTERESANTE

Música peligrosa

Escuchar algunas de las primeras grabaciones magnéticas, en la década de 1930, podía resultar peligroso. La música se grababa en largos cables magnetizados, no en cintas magnéticas. Para escuchar la grabación, había que pasar el cable a través de una máquina a gran velocidad. Si se rompía el cable, podía soltarse y cortar cualquier cosa (o persona) cercana. ¡Había que estar preparado para huir con rapidez!

EL DISCO DURO

El disco duro de una computadora usa fuerzas magnéticas para guardar palabras, ilustraciones y otros datos. Mientras trabajas, pequeños imanes cambian el patrón magnético para guardar o borrar información.

Encuentra el camino

Desde que se descubrieron los imanes, la gente los ha usado para encontrar su camino. Los imanes se usan en los barcos, ya que siempre se orientan hacia el norte (aproximadamente). Esto se debe a que los afecta la Tierra, que es un imán enorme, aunque débil. Cuando un imán se usa para encontrar el norte, se llama 'brújula'.

Con poco equipaje

Ésta es una brújula tan pequeña como una caja de cerillos y tan ligera que flota en el agua.

NECESITARÁS   15
- UN IMÁN
- UN ALFILER METÁLICO
- UN CORCHO
- PLASTILINA
- UN TAZÓN GRANDE
- AGUA
- UN CUCHILLO PARA MANUALIDADES (PÍDESELO A UN ADULTO)

1 Sigue las instrucciones de 'Con suavidad' (página 30) y convierte un alfiler en un pequeño imán.

2 Pídele a un adulto que corte con el cuchillo un disco de corcho de 1 cm de ancho. Coloca el alfiler encima del corcho y fíjalo con un poco de plastilina.

3 Llena el tazón con agua. Con cuidado, pon el corcho y el alfiler a flotar.

¿Qué le sucede al alfiler cuando mueves el tazón?

¡Media vuelta!

Un simple imán puede afectar tu brújula. Sigue los pasos de 'Con poco equipaje' (izquierda) para crear una pequeña brújula flotadora. Verifica que indique el norte y el sur cuando deje de moverse. Acércale un imán a pocos centímetros. ¿Qué sucede?

¿Cómo puede un imán engañar a una brújula?

NECESITARÁS
◆ UN IMÁN
◆ LOS MATERIALES USADOS EN 'CON POCO EQUIPAJE' (PÁGINA ANTERIOR)

20

¿Qué sucede?

Al acercar un imán a tu brújula, los polos de ésta giran hacia los polos del imán y dejan de apuntar hacia el norte. Ya que el magnetismo del imán es mayor que el de la Tierra, esto engaña a la brújula.

4 Espera a que el alfiler y el corcho dejen de girar. Haz un dibujo del alfiler en una hoja de papel y colócalo en el suelo, fijándote en qué dirección apunta la aguja.

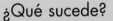

¿Qué sucede?

Al dejar de girar, el alfiler magnetizado siempre apunta más o menos hacia el norte, aunque gires el tazón. Esto se debe a que sus polos son atraídos por la Tierra, que es un enorme, aunque débil, imán. Uno de los polos de la Tierra se encuentra más o menos al norte y el otro, más o menos al sur.

PALOMAS MENSAJERAS

Las palomas disponen de un impresionante sentido de orientación. Encuentran el camino a casa, aunque se hallen a cientos de kilómetros de distancia. Los científicos creen que las palomas mensajeras pueden percibir el magnetismo de la Tierra.

Poder de atracción

La electricidad y el magnetismo tienen una relación estrecha.
Cuando pasa electricidad por un cable, éste se convierte en un
imán. Un cable enrollado reúne suficiente magnetismo para
levantar objetos. Cuando acercas un imán a un cable, creas una
pequeña corriente. Nuestras casas están llenas de máquinas que
dependen de esta conexión entre electricidad y magnetismo.
Esta relación se llama 'electromagnetismo'.

Imán eléctrico

Envía electricidad a través de un
cable enrollado para formar
un potente imán. El cable podría
calentarse mucho: pídele ayuda
a un adulto.

NECESITARÁS **15**
- UN CLAVO DE HIERRO
- UN CABLE AISLADO LARGO
- UN CLIP
- UNA PILA DE 9 V
- CINTA ADHESIVA
- ALFILERES DE ACERO

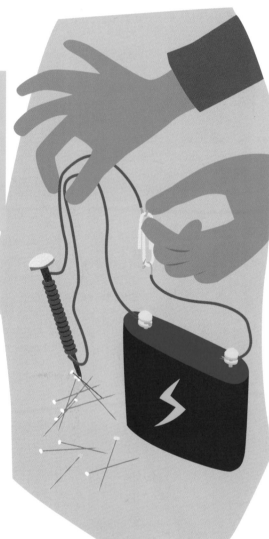

1 Enrolla el cable con firmeza
alrededor del clavo por lo
menos diez veces. Asegúralo con
cinta adhesiva.

¿Cómo se convierte un clavo en un imán?

3 Sostén el clavo
sobre un montón de
alfileres. ¿Qué pasa?
Retira el clip para
apagar el circuito.
¿Qué pasa ahora?

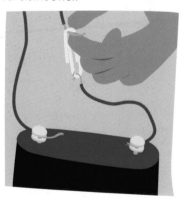

2 Conecta cada uno de
los extremos del cable a una
pila de 9 V. Añade un clip
como interruptor al cable
(ver página 11).

¿Qué sucede?

Cuando el interruptor está en su lugar, el clavo es capaz de levantar
alfileres. Esto se debe a que la electricidad que fluye por el circuito
convierte el cable en un imán débil. La parte enrollada concentra
suficiente magnetismo para convertir el clavo en un imán. Un imán
como éste, que sólo funciona cuando conduce electricidad, se llama
'electroimán'.

Anguilas eléctricas

Sigue los pasos de 'Imán eléctrico' (izquierda) para crear un electroimán. Reta a un amigo a un juego de anguilas eléctricas. Recorta algunas anguilas de papel de seda. Pégales un poco de lana de alambre en la cabeza. Por turnos y contrarreloj, intenten recoger la mayor cantidad de anguilas usando sólo el electroimán. Necesitarán ser muy hábiles para poder encender y apagar el imán a tiempo. Sólo se vale levantar una anguila a la vez. Si recogen dos o más, deben regresarlas.

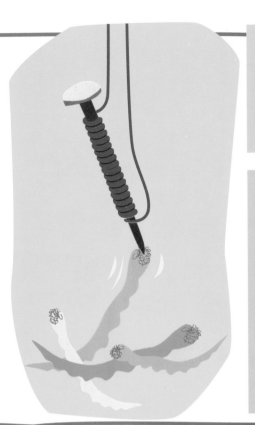

NECESITARÁS
- EL ELECTROIMÁN DE 'IMÁN ELÉCTRICO'
- PAPEL DE SEDA
- LANA DE ALAMBRE
- CINTA ADHESIVA

¿Qué sucede?
El electroimán jala las anguilas del alambre que tienen en sus cabezas. El clavo sólo está magnetizado cuando el clip está en su lugar. Al desconectar el interruptor, ya no hay corriente eléctrica en el circuito y tampoco magnetismo.

INTERESANTE

Idea novedosa

En 1821, el científico Michael Faraday hizo la primera demostración de un motor, pero le costó trabajo convencer a la gente de la utilidad del 'electromagnetismo'. Hoy en día, el vínculo entre la electricidad y el magnetismo nos permite construir todo tipo de máquinas eléctricas que controlan el movimiento de las cosas, por ejemplo: un motor eléctrico o un altavoz.

CEMENTERIO DE AUTOMÓVILES
En los basureros y cementerios de automóviles, con frecuencia hay grúas con electroimanes como éste. Tiene la fuerza suficiente para levantar grandes cantidades de metal o, inclusive, automóviles completos.

Glosario

Aislante   Una sustancia que obstaculiza el paso de la electricidad. La madera, el papel, el vidrio y el plástico son buenos aislantes. Con frecuencia, las máquinas eléctricas y sus componentes están aisladas por seguridad. Por ejemplo, los cables están cubiertos de plástico y los televisores están dentro de una caja de plástico. No sólo se aísla la electricidad. A veces, es necesario encontrar materiales que aíslen el calor.

Atajo   El camino más corto que puede tomar la electricidad en un circuito. Al conectar un cable directamente a los polos de una pila se crea un atajo. Siempre que sea posible, la electricidad utilizará un atajo.

Atracción   Dos objetos se atraen cuando buscan acercarse el uno al otro. Esto sucede cuando tienen cargas eléctricas opuestas (cuando uno tienen electrones de más y al otro le faltan). Un imán atrae objetos que contengan hierro o níquel. Dos imanes se atraen si el polo norte de uno está cerca del polo sur del otro.

Brújula   Un instrumento usado para saber con cierta exactitud hacia dónde está el Norte. La parte más importante de una brújula es la aguja, un imán. Como cualquier imán, la aguja terminará por indicar aproximadamente el norte, después de que se le deje girar libremente.

Campo magnético   El área alrededor de un imán a donde se dirigen los objetos atraídos. Los imanes más potentes tienen grandes campos magnéticos.

Carga   Un objeto está cargado si tiene muchos o muy pocos electrones. Esto puede deberse a que fue frotado contra otro objeto para hacer electricidad estática. Dos objetos tienen el mismo tipo de carga si ambos han perdido electrones o si ambos los han ganado. Sus cargas son 'opuestas' si uno ha ganado electrones y el otro los ha perdido.

Conductor   Una sustancia que permite el flujo de electricidad. Los metales y el agua son buenos conductores. Son la materia prima de muchos aparatos eléctricos, incluyendo cables, interruptores y lámparas. También puedes encontrar la palabra 'conductor' usada en otras áreas. Por ejemplo, los ingenieros suelen determinar si un material es un buen conductor de calor.

Corriente   La cantidad de electricidad que fluye. La corriente se mide en amperios (A). Un circuito tendrá mayor corriente si la pila manda electricidad a través de éste con facilidad. Si la corriente es elevada, significa que están pasando más electrones por el circuito.

Dominios   Los millones de diminutos mini imanes que se encuentran en cualquier material.

Electricidad   La forma de energía que hace que funcionen las tostadoras, las lámparas, los televisores y otros aparatos eléctricos. La electricidad es creada por los electrones, partículas tan pequeñas que no es posible verlas. Al pasar por cables o lámparas, los electrones producen 'corriente eléctrica'. Si no se mueven, producen 'electricidad estática'.

Electricidad estática Un tipo de electricidad que puedes producir al frotar dos objetos de cierto material, como un trapo de nailon y una regla de plástico. Al hacer eso, pasas electrones de un objeto a otro. Ambos objetos reciben una 'carga'.

Electroimán Un imán que sólo funciona cuando pasa electricidad por él. Muchos electroimanes están hechos con un cable enredado sobre un objeto metálico, para aumentar su poder magnético.

Electrón Una partícula tan diminuta que resulta invisible. Hay uno o más electrones en cada átomo. Cuando pasan a través de objetos como un cable, producen corriente eléctrica. Cuando saltan de un objeto a otro, producen electricidad estática.

Filamento El cable delgado y enroscado dentro de una lámpara, que hace que ésta brille. A la electricidad se le dificulta pasar por este cable, así que produce calor, otra forma de energía. A esto se debe que el filamento dé un brillo blanco.

Imán Un objeto que puede atraer hacia sí objetos de hierro o níquel. Los imanes se pueden atraer o repeler entre sí. La magnetita y otros imanes naturales se encuentran en la naturaleza. Se pueden crear imanes en laboratorio: por ejemplo, frotando hierro o acero contra imanes.

Paralelo Partes eléctricas que han sido conectadas con cables separados a una misma fuente de poder. Cada juego de dos cables toma energía de la pila por uno de ellos y la regresa por el otro.

Polos Las dos áreas de un imán, normalmente sus extremos, en los cuales la fuerza de atracción es mayor. Si dejas que un imán se mueva libremente, uno de sus polos siempre apuntará hacia el sur y el otro hacia el norte. El primero es el 'polo sur' y el otro, el 'polo norte'. Los polos apuntan en esas direcciones porque son atraídos por los polos de la Tierra, que es un gigantesco imán.

Rechazo Dos objetos se rechazan para alejarse el uno del otro. Esto sucede cuando tienen el mismo tipo de carga eléctrica (si ambos tienen muy pocos o demasiados electrones). Dos imanes se rechazarán si acercas ambos por el polo norte o el polo sur.

Series Objetos eléctricos cuyos componentes están conectados uno tras otro a la fuente de poder. La electricidad sale de la pila, pasa por cada uno de sus componentes (uno por uno) y regresa a la pila.

Voltaje La forma de medir cuántos electrones puede 'empujar' una pila a través de un circuito. Este empuje eléctrico se mide en voltios (V). La mayoría de las pilas tienen el voltaje marcado en su revestimiento. Una pila de 4.5 V tiene tres veces más empuje que una pila de 1.5 V.

Índice

Créditos de las fotografías

(esquinas derechas de páginas impares)

London Features International 29
Science Photo Library 21, 33
Pictor International 15
PowerStock Photo Library 37
Telegraph Colour Library 11, 25
Tony Stone 13, 19, 23, 31, 35
Corbis 7, 9
Central Japan Railway Company 27
Royal National Lifeboat Institution 17